المدرسة - בית ספר 2
سفر - נסיעה 5
نقل - תחבורה 8
مدينة - עיר 10
طبيعة ريفية - נוף 14
مطعم - מסעדה 17
سوبرماركت - סופרמרקט 20
مشروبات - שתיות 22
طعام - אוכל 23
مزرعة - חווה 27
بيت - בית 31
غرفة جلوس - סלון 33
مطبخ - מטבח 35
الحمّام - חדר אמבטיה 38
غرفة الأطفال - חדר ילדים 42
ثياب - בגדים 44
مكتب - משרד 49
اقتصاد - כלכלה 51
المِهَن - מקצועות 53
عدة عمل - כלי עבודה 56
آلات موسيقية - כלי נגינה 57
حديقة حيوانات - גן חיות 59
رياضة - ספורט 62
نشاطات - פעילויות 63
عائلة - משפחה 67
الجسم - גוף 68
المستشفى - בית חולים 72
حالة - חירום 76
أرض - כדור הארץ 77
ساعة - שעון 79
أسبوع - שבוע 80
سنة - שנה 81
أشكال - צורות 83
ألوان - צבעים 84
الأضداد - הפכים 85
أرقام - מספרים 88
اللغات - שפות 90
من / ماذا / كيف - מי / מה / איך 91
أين - איפה 92

Impressum
Verlag: BABADADA GmbH, Nedderfeld 112 , 22529 Hamburg
Geschäftsführer / Verlagsleitung: Harald Hof
Druck: Books on Demand GmbH, In de Tarpen 42, 22848 Norderstedt

Imprint
Publisher: BABADADA GmbH, Nedderfeld 112 , 22529 Hamburg, Germany
Managing Director / Publishing direction: Harald Hof
Print: Books on Demand GmbH, In de Tarpen 42, 22848 Norderstedt

בית ספר
المدرسة

כיתה
القسم
חילק
يقسم
186/2
לוח
اللوح
מורה
المعلم
נייר
ورقة
כתב
يكتب
עט
القلم
שולחן עבודה
طاولة المكتب
סרגל
المسطرة
ספר
الكتاب
תלמיד
التلميذ

ילקוט
....
الحقيبة المدرسية

קלמר
....
المقلمة

עיפרון
....
قلم الرصاص

מחדד
....
البرّاية

גומי מחיקה
....
المِمحاة

חוברת סרטוט
....
دفتر الرسم

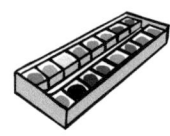

קופסת צבעים

علبة التلوين

מברשת

الفرشاة

סרטוט

الرسمة

ספר תרגול

دفتر التمارين

דבק

المادة اللاصقة

מספריים

المقص

חיבר

يجمع

מספר

الرقم

שיעור בית

الواجب المدرسي

חישב

يحسب

הכפיל

يضرب

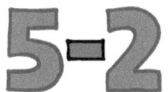

חיסר

يطرح

מילה

كلمة

אלפבית

الأبجدية

אות

الحرف

גיר

الطبشور

קרא

يقرأ

טקסט

النص

מבחן

الامتحان

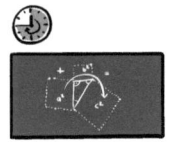

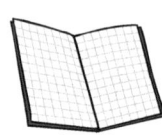

יומן נוכחות

دفتر الدوام المدرسي

שיעור

الحصة

חינוך

التعليم

תלבושת בית ספר

اللباس المدرسي

תעודה

شهادة

מיקרוסקופ

المِجهر

אוניברסיטה

الجامعة

אנציקלופדיה

الموسوعة

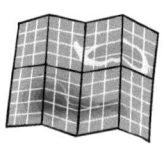

סל נייר

قماما

מפה

الخريطة

Grand
מלון
فندق
הוסטל
بيت الشباب
ROOMS
EXCHANGE
המרת מטבע
مكتب صرافة
מזוודה
حقيبة
אוטו
سيارة

בסדר

حسناً

כן / לא

نعم / لا

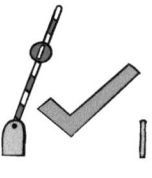

שפה

اللغة

תודה

شكراً

מתרגם

مترجم

שלום

مرحباً

בעיה

مشكلة

אני לא מבין

لا أفهم

כמה עולה.....?

كم ثمن ... ؟

לילה טוב!

ليلة سعيدة

בוקר טוב!

صباح الخير!

ערב טוב!

مساء الخير

כבודה

أمتعة السفر

כיוון

اتجاه

להתראות

إلى اللقاء

אורח

ضيف

תרמיל גב

حقيبة ظهر

תיק

حقيبة

אוהל

خيمة

שק שינה

كيس للنوم

חדר

غرفة

מרכז מידע לתיירים

استعلامات سياحية

חוף ים

شاطئ

כרטיס אשראי

بطاقة ائتمان

ארוחת בוקר

إفطار

ארוחת צהריים

طعام الغداء

ארוחת ערב

العشاء

כרטיס

بطاقة سفر

מעלית

مصعد

בול

طابع بريدي

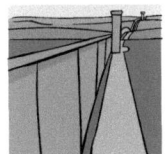

גבול

حدود

מכס

الجمارك

שגרירות

سفارة

אשרה

تأشيرة

דרכון

جواز سفر

תחבורה
نقل

מטוס
طائرة
אונייה
سفينة
כבאית
سيارة إطفاء
אוטובוס
حافلة
משאית
سيارة شاحنة
סירת מנוע
زورق آلي
אופניים
درّاجة
אוטו
سيارة

אופנוע

دراجة نارية

סירה

قارب

מעבורת

عبارة

רכב שכור

سيارة مستأجرة

מכונית מרוץ

سيارة سباق

ניידת משטרה

سيارة شرطة

משאית זבל
....
سيارة نقل القمامة

אוטו גרר
....
سيارة للجر

מכוניות בשיתוף
....
أسلوب تشاركي في استئجار السيارات

תחנת דלק
....
محطة وقود

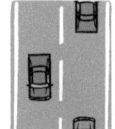

דלק
....
وقود

מנוע
....
محرك

פקק תנועה
....
ازدحام سير

תנועה
....
حركة السير

תמרור
....
إشارة مرور

פסי רכבת
....
سكك حديدية

תחנת רכבת
....
محطة قطار

חניה
....
موقف سيارات

קרון
....
عربة قطار

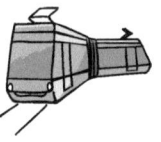

רכבת קלה
....
ترام

רכבת
....
قطار

מגדל

برج

שדה-תעופה

مطار

מסוק

طائرة مروحية

קרטון

علبة كرتون

קונטיינר

حاوية

נוסע

مسافر

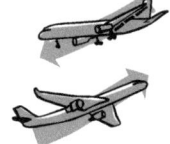

המראה / נחיתה

يقلع / يهبط

סל

سلة

עגלה

عربة يد

עיר
مدينة

בית

بيت

מרכז העיר

مركز المدينة

כפר

قرية

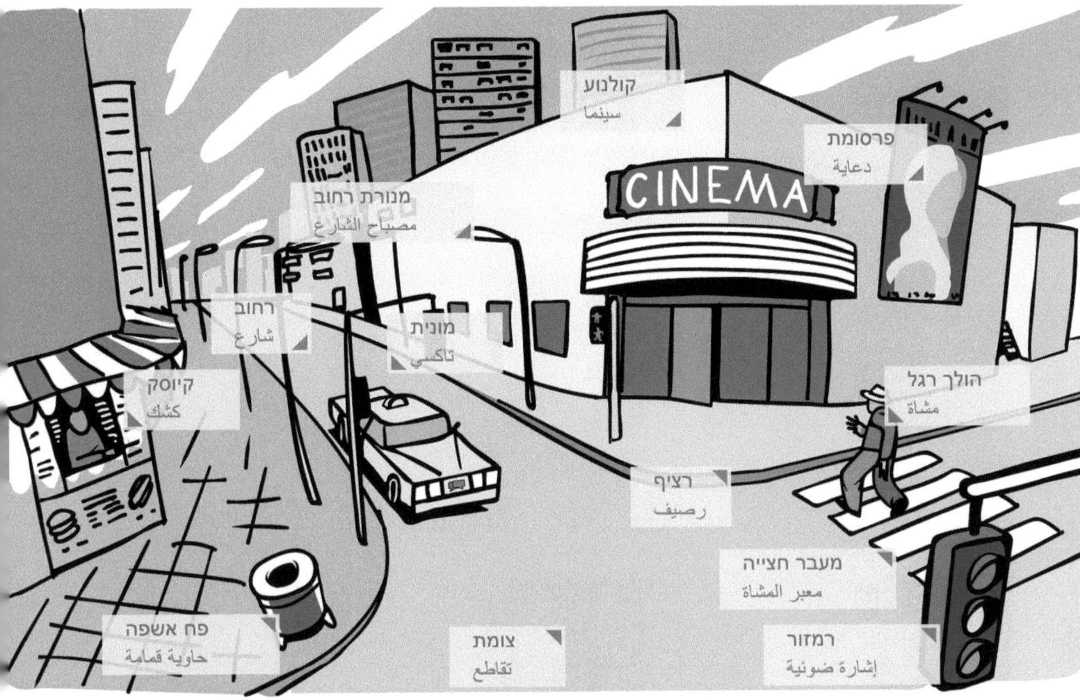

קולנוע
سينما
פרסומת
دعاية
מנורת רחוב
مصباح الشارع
רחוב
شارع
מונית
تاكسي
קיוסק
كشك
הולך רגל
مشاة
רציף
رصيف
מעבר חצייה
معبر المشاة
פח אשפה
حاوية قمامة
צומת
تقاطع
רמזור
إشارة ضوئية

תחנת רכבת
محطة قطار

דירה
شقة

בקתה
كوخ

בית ספר
المدرسة

מוזיאון
متحف

עירייה
دار البلدية

בית חולים

....

المستشفى

בנק

....

مصرف

אוניברסיטה

....

الجامعة

משרד

....

مكتب

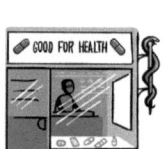

בית מרקחת

....

صيدلية

מלון

....

فندق

חנות פרחים

....

محل لبيع الزهور

חנות

....

متجر

חנות ספרים

....

مكتبة

כל-בו

....

متجر كبير

שוק

....

سوق

סופרמרקט

....

سوبرماركت

נמל

....

ميناء

קניון

....

مركز تسوّق

מוכר דגים

....

تاجر السمك

גשר

....

جسر

ספסל

....

مقعد

פארק

....

حديقة عامة

מנהרה

....

نفق

רכבת תחתית

....

مترو

מדרגות

....

درج، سلم

מסעדה

....

مطعم

בר

....

بار

תחנת אוטובוס

....

موقف حافلات

מדחן

....

مقياس زمن الوقوف

שלט רחוב

....

لافتة باسم الشارع

תא דואר

....

صندوق البريد

מסגד

....

مسجد

בריכת שחיה

....

مسبح

גן חיות

....

حديقة حيوانات

בית עלמין
مقبرة

זיהום
تلوث البيئة

חווה
مزرعة

בית מקדש
معبد

מגרש משחקים
ملعب الأطفال

כנסייה
كنيسة

נוף
طبيعة ريفية

עלה
ورقة
תמרור
علامة إرشاد
דרך
طريق
מרעה
مرج
אבן
حجر
מטייל
رحالة
עץ
شجرة
נהר
نهر
דשא
عشب
פרח
زهرة

אגם
בحيرة

הר
جبل

בקעה
وادٍ

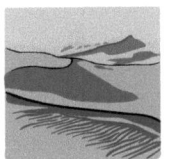

הר געש
بركان

מדבר
صحراء

יער
غابة

פטריה
فِطر

קשת בענן
قوس قزح

טירה
قلعة

זבוב
ذُبَانة

יתוש
بعوض

דקל
نخلة

עכביש
عنكبوت

דבורה
نحلة

נמלה
نملة

סנאי
....
سنجاب

צפרדע
....
ضفدعة

חיפושית
....
خنفساء

ינשוף
....
بومة

ארנב
....
أرنب

קיפוד
....
قنفذ

חזיר בר
....
خنزير برّي

ברבור
....
بجعة

ציפור
....
عصفور

סכר
....
سد

אייל הקורא
....
إلكة

צבי
....
غزال

אקלים
....
مناخ

פנל סולארי
....
خلية شمسية

טורבינת רוח
....
دولاب الطاحونة الهوائية

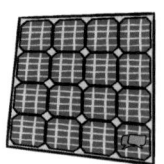

מלצר
نادل

תפריט
لائحة الطعام

כסא
كرسي

מרק
حساء

פיצה
بيتزا

סכו"ם
أدوات المائدة

מפת שולחן
غطاء المائدة

מנת פתיחה
مقبلات

מנה עיקרית
الصحن الرئيسي

קינוח
حلوى أو فاكهة بعد الطعام

שתיות
مشروبات

אוכל
طعام

בקבוק
زجاجة

קנקן תה

إبريق الشاي

אוכל רחוב

طعام الشارع

מזון מהיר

وجبات سريعة

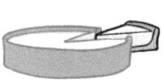

מכונת אספרסו

آلة الإسبريسو

מנה

حصّة

מסכרת

علبة السكر

מגש

صينية

חשבון

فاتورة

כסא תינוק

كرسي عالٍ

כף

ملعقة

מזלג

شوكة

סכין

سكين

כוס

كأس

מפית

منديل المائدة

כפית

ملعقة الشاي

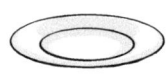

תחתית

صحن الفنجان

קערת מרק

صحن الحساء

צלחת

صحن

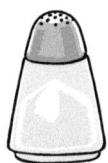

מטחנת פלפל

مطحنة الفلفل

מלחייה

مملحة

רוטב

صلصة

תבלינים

توابل

שמן

زيت الطعام

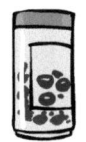

חומץ

خلّ

מיונז

مايونيز

חרדל

خردل

קטשופ

كتشاب

סופרמרקט

سوبرماركت

מבצע
عرض خاص
לקוח
زبون
מוצרי חלב
مشتقات الحليب
פירות
فواكه
עגלת קניות
عربة تسوّق

אטליז

جزّار

מאפייה

مخبز

שקל

يزن

ירקות

خضار

בשר

لحم

מזון קפוא

المأكولات المجمّدة

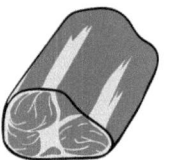

אבקת כביסה
……………………
مسحوق الغسيل

שימורים
……………………
معلبات

בשר קר
……………………
مرتدلا أو جبن

חומר ניקוי
……………………
منظفات

מוצרי בית
……………………
المواد المنزلية

ממתקים
……………………
حلويات

קופאי
……………………
أمين صندوق

קופה
……………………
صندوق الحساب

מוכרת
……………………
بائعة

ארנק
……………………
محفظة النقود

שעות פתיחה
……………………
أوقات العمل

רשימת קניות
……………………
قائمة المشتريات

שקית נילון
……………………
كيس بلاستيكي

תיק
……………………
حقيبة

כרטיס אשראי
……………………
بطاقة ائتمان

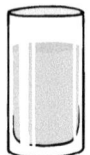

שתיות

مشروبات

חלב

حليب

מיץ

عصير

מים

ماء

בירה

بيرة

יין

نبيذ

קולה

كولا

תה

شاي

קקאו

كاكاو

אלכוהול

كحول

קפוצ'ינו

كابوتشينو

אספרסו

قهوة إسبريسو

קפה

قهوة

אוכל
طعام

תפוז

برتقال

תפוח

تفاح

בננה

موزة

גזר

جزرة

לימון

ليمون

אבטיח

بطيخ

בצל

بصل

במבוק

خيزران

שום

ثوم

אטריות

شعيرية

אגוזים

لوزيات

פטריות

فِطر

סלט
....
سلطة

אורז
....
أرزّ

ספגטי
....
سباغيتي

פיצה
....
بيتزا

צ'יפס
....
بطاطا مقلية

צ'יפס
....
بطاطا مقلية

שניצל
....
شريحة لحم مقلية

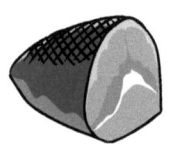

כריך
....
ساندويش

המבורגר
....
هامبورغر

נקניקיה
....
سجق

סלאמי
....
سلامي

שינקין
....
لحم خنزير

דג
....
سمك

טיגון
....
لحم محمر

עוף
....
دجاج

קורנפלקס

كورن فلكس

מוזלי

موسلي

שיבולת שועל

دقيق الشوفان

לחמנייה

خبز صغير

קרואסון

كرواسان

קמח

طحين

עוגיות

بسكويت

טוסט

خبز محمص

לחם

خبز

עוגה

كعكة

גבינה לבנה

لبن زبادي

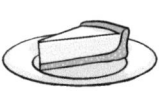

חמאה

زبدة

גבינה

جبنة

ביצת עין

بيض مقلي

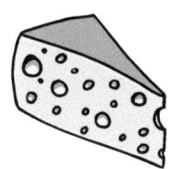

ביצה

بيضة

דבש

....

عسل

סוכר

....

سكر

גלידה

....

مثلجات

קארי

....

الكاري

ממרח נוגט

....

كريم النوغا

ריבה

....

مربّى الفاكهة

חווה

مزرعة

بيت الفلاح
אסם
مخزن غلال
חבילת שחת
رزمة من التبن
שדה
حقل
סוס
حصان
עגלת נגרר
مقطورة
טרקטור
جرار
סייח
مهر
חמור
حمار
כבש
خروف
טלה
خروف

עגל

عجل

פרה

بقرة

עז

ماعز

שור

ثور

חזרזיר

خنزير صغير

חזיר

خنزير

אפרוח

صوص

ברווז

بطة

אווז

إوزّة

חולדה

جرذ

תרנגול

ديك

תרנגולת

دجاجة

שור

ثور

עכבר

فأر

חתול

قطة

צינור השקיה

خرطوم الحديقة

מלונה

كوخ الكلب

כלב

كلب

מחרשה

المحراث

חרמש

منجل

קנקן מים

إبريق

קלשון

مذراة الزبل

מגרפה

معزقة

מגל

منجل

שוקת

معلف

מריצה

عربة يد

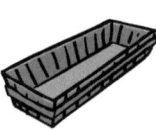

גרזן

بلطة

גדר

سياج

שק

كيس

כד חלב

صفيحة الحليب

אדמה

تربة

חממה

دفيئة

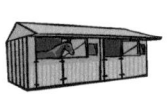

אורווה

اصطبل

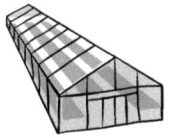

מקצרה

حصّادة درّاسة

דשן

سماد

זרע

بذور

בטטה אפריקנית

بطاطا يامس

קציר

محصول

קצר

يحصد

תפוח אדמה

بطاطا

סויה

صويا

חיטה

قمح

עץ פירות

شجرة فاكهة

קנולה

سلجم

תירס

ذرة

דגנים

الحبوب

קסבה

نبات منيهوت

בית

بيت

ארובה
مدخنة
גג
سقف
מרזב
مزراب
חלון
نافذة
מוסך
مرآب
פעמון
جرس الباب
דלת
باب
פח אשפה
תיבת מכתבים
صندوق البريد
גינה
حديقة

מטבח

مطبخ

חדר אמבטיה

الحمّام

סלון

غرفة جلوس

חדר אוכל

غرفة الطعام

חדר ילדים

غرفة الأطفال

חדר שינה

غرفة النوم

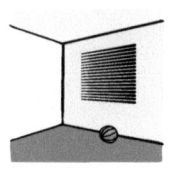

תקרה

سقف

קיר

حائط

רצפה

أرضية

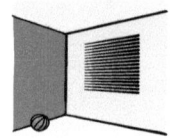

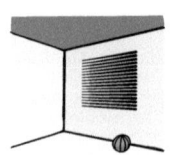

מרפסת

بلكون

סאונה

ساونا

מרתף

قبو

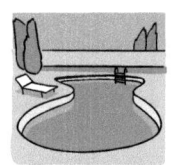

מכסחת דשא

جزّازة العشب

בריכה

مسبح

מרפסת

شرفة

מיטה

سرير

כיסוי מיטה

بطانية

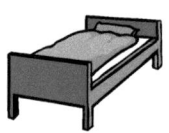

סדין

بياضات السرير

מפסק

مفتاح كهربائي

דלי

سطل

מטאטא

مكنسة

סלון
غرفة جلوس

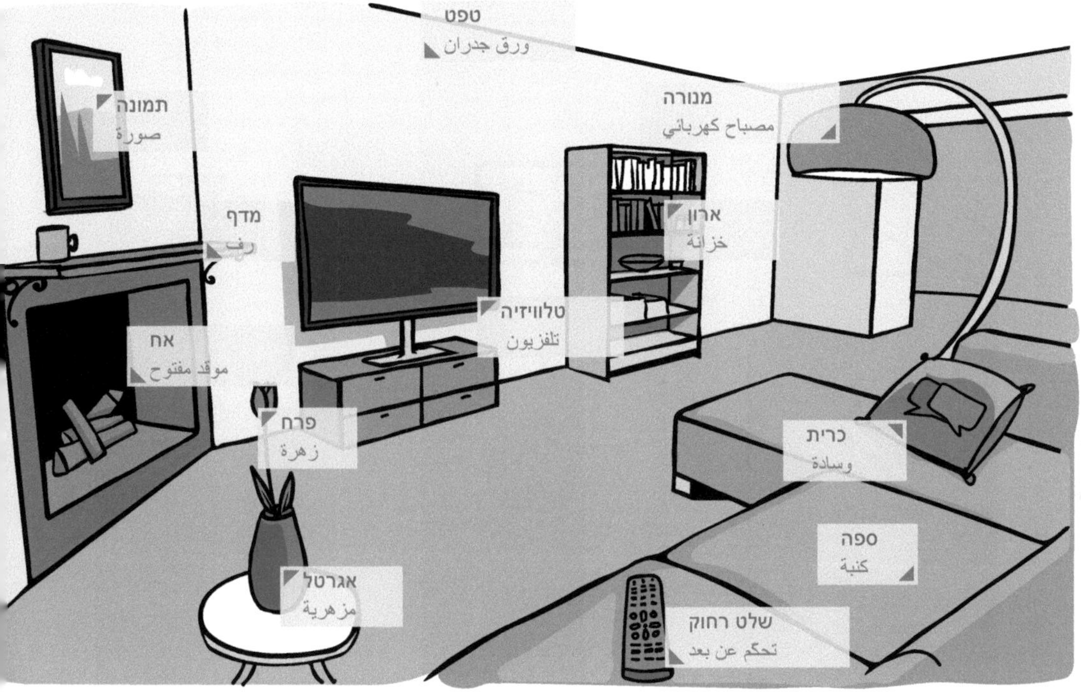

טפט
ورق جدران
תמונה
صورة
מנורה
مصباح كهربائي
מדף
رف
ארון
خزانة
טלוויזיה
تلفزيون
אח
موقد مفتوح
פרח
زهرة
כרית
وسادة
ספה
كنبة
אגרטל
مزهرية
שלט רחוק
تحكم عن بعد

שטיח	וילון	שולחן
بصاط	ستارة	طاولة

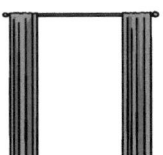

כסא	כיסא נדנדה	כורסה
كرسي	كرسي هزّاز	كرسي ذو ذراعين

דקורציה

....

زخرفة

שמיכה

....

بطانية

ספר

....

الكتاب

מערכת סטריאו

....

تجهيزات ستيريو

סרט

....

فيلم

עצי הסקה

....

الحطب

ציור

....

لوحة مرسومة

עיתון

....

جريدة

מפתח

....

مفتاح

מחברת

....

دفتر ملاحظات

רדיו

....

راديو

פוסטר

....

مُلصق

נר

....

شمعة

קקטוס

....

صبّار

שואב אבק

....

المكنسة الكهربائية

מטבח

مطبخ

מקרר
براد
מיקרוגל
ميكروويف
ميزان المطبخ
טוסטר
محمصة الخبز
חומר ניקוי
منظفات
תנור
فرن
מקפיא
ثلاجة
פח אשפה
מדיח כלים
جَلاية

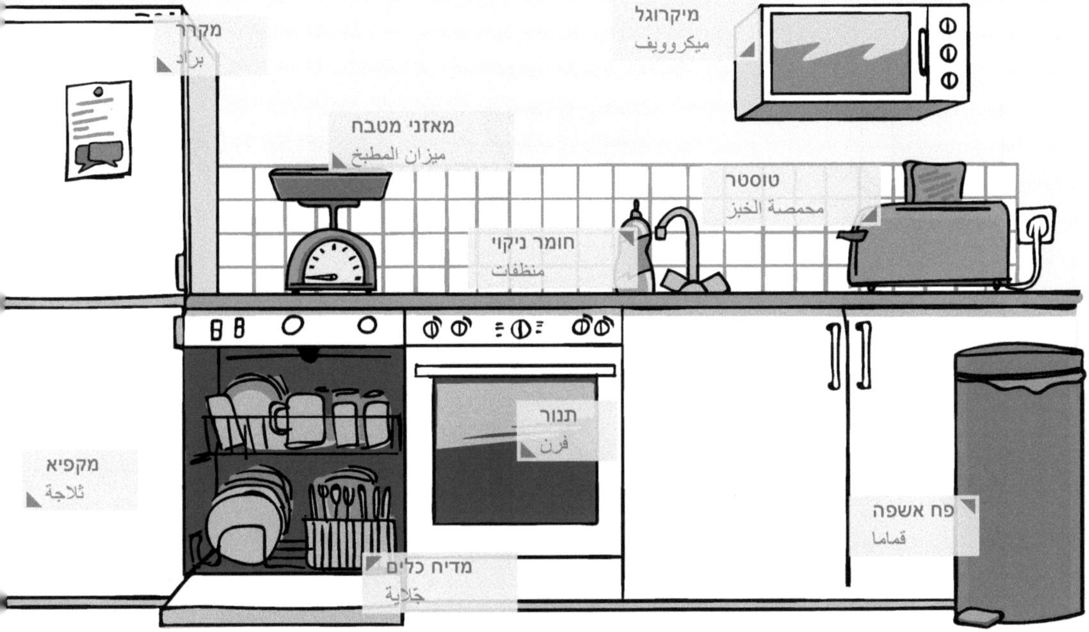

תנור

موقد

סיר

قِدر

סיר ברזל

وعاء من الحديد

ווק

قدر صيني

מחבת

مقلاة

קומקום חשמלי

غلاية

כלי אוכל

أواني

מגש אפייה

صينية

מאדה

قدر البخار

צ'ופסטיקס

عيدان الأكل

קערה

صحن

ספל

فنجان

מטרפה

خفّاقة

מרית

ملعقة منبسطة

מצקת

مغرفة

מגרדת

مِبشرة

מסננת

مصفاة

מסננת בישול

مصفاة

מדורה

موقد

גריל

شواء

מכתש

هاون

פותחן פקקים
....
مفتاح الزجاجات

מערוך
....
نشّابة

קרש חיתוך
....
لوح التقطيع

מטלית
....
قماش الفرن

פותחן קופסאות
....
مفتاح العلب المعدنية

פחית
....
علبة

ספוג
....
إسفنج

מברשת
....
فرشاة

כיור
....
مجلى

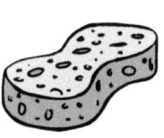

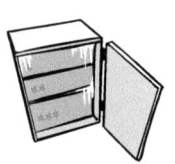

בקבוק לתינוק
....
زجاجة الطفل

מקפיא
....
مجمّدة

בלנדר
....
خلاط

ברז
....
صنبور الماء

חדר אמבטיה

الحمّام

חימום
تدفئة
מגבת
منشفة
מקלחת
دوش
וילון מקלחת
ستارة الدوش
אמבטיית קצף
حمام رغوة
אמבטיה
מכונת כביסה
غسالة
כוס
كاس
ברז
صنبور الماء
אריחים
بلاط
סיר לילה
قفازات مطاطية
כיור
مجلى

אסלה

حمام

אסלת כריעה

مرحاض القرفصاء

בידה

حوض التشطيف

משתנה

مبولة

נייר טואלט

ورق المرحاض

מברשת אסלה

فرشاة الحمام

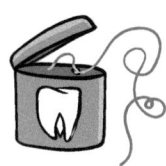

חוט דנטלי
....
خيط حرير لتنظيف الأسنان

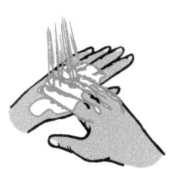

משחת שיניים
....
معجون الأسنان

מברשת שיניים
....
فرشاة الأسنان

צינור שטיפה לשירותים
....
شطاف

מקלחת יד
....
رشاش ماء يدوي

שטף
....
يغسل

סבון
....
صابون

מברשת גב
....
فرشاة الظهر

קערת רחצה
....
حوض الغسيل

ליפה
....
ممسحة

שמפו
....
شامبو

ג'ל רחצה
....
جيل الدوش

דיאודורנט
....
مزيل الروائح

קרם
....
مرهم

ניקוז
....
مصرف للماء

סכין גילוח

موس حلاقة

מראת יד

مرآة يد

מראה

مرآة

מסרק

مشط

אפטרשייב

كولونيا

קצף גילוח

رغوة الحلاقة

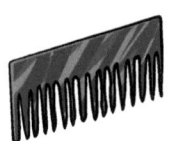

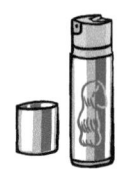

ספריי לשיער

مثبت للشعر

מייבש שיער

سشوار

מברשת

فرشاة

לק

طلاء أظافر

שפתון

روج

איפור

ماكياج

בושם

عطر

מספריים לציפורניים

مقص أظافر

צמר גפן

قطن

משקל

ميزان

שרפרף

مقعد صغير

תיק כלי רחצה

سلّة الغسيل

טמפון

سدادة قطنية

כפפות גומי

قفازات مطاطية

חלוק רחצה

معطف الحمام

שירותים כימיקליים

تواليت كيميائية

תחבושת סניטרית

منشفة صحية

חדר ילדים

غرفة الأطفال

שעון מעורר
منبّه
צעצוע חיבוק
الحيوانات المحنطة
מכונית צעצוע
سيارة لعبة
רעשן
خشخشة
בית בובות
بيت الدمى
מתנה
هدية

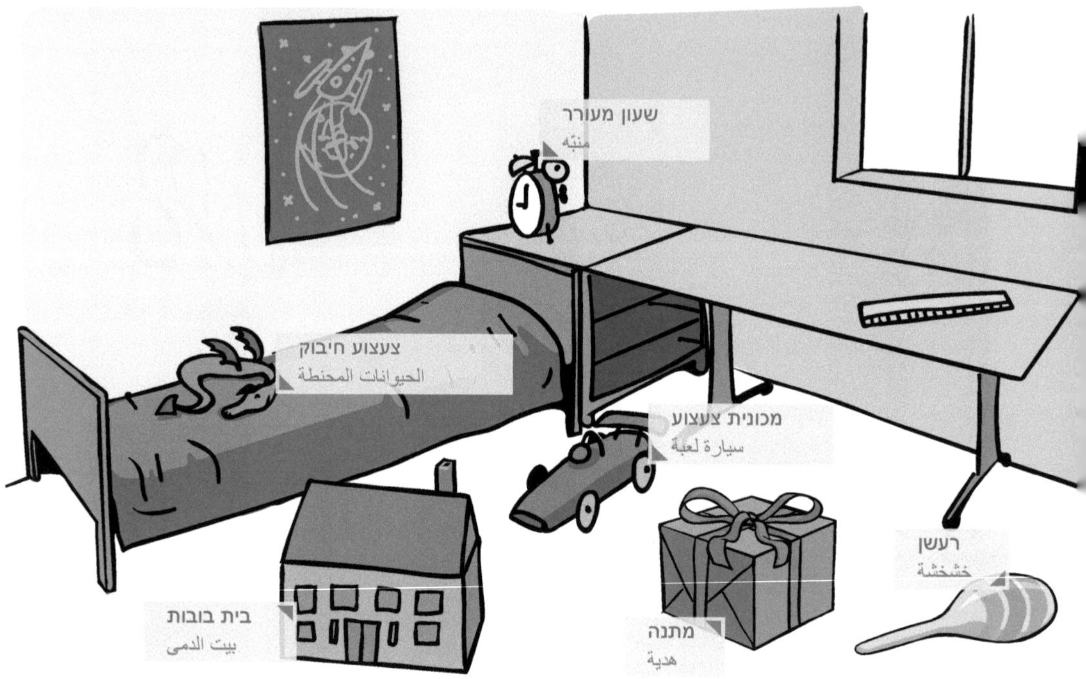

בלון

بالون

מיטה

سرير

עגלה

عربة الأطفال

משחק קלפים

لعبة الورق

פאזל

أحجية

קומיקס

رسوم هزلية

דמות משחק

دمية بطل

קוביות משחק

حجارة تركيب

לגו

أحجار الليغو

נייד

دمية معلّقة

פריזבי

فريسبي

סרבל תינוקות

لباس الطفل

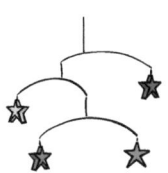

רכבת צעצוע

لعبة قطار

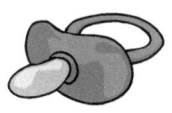

קוביה

لعبة النرد

משחק לוח

لعبة الطاولة

אלבום תמונות

كتاب مصوّر

מסיבה

حفلة

מוצץ

مصّاصة

שיחק

يلعب

בובה

دمية

כדור

كرة

צעצועים

لعبة

נדנדה

أرجوحة

ארגז חול

ملعب رملي للأطفال

דובון

دمية على شكل الدب

אופניים תלת גלגלי

دراجة ثلاثية

קונסולת משחקים

ألعاب فيديو

ארון בגדים

خزانة الثياب

בגדים

ثياب

גרביון

جورب بنطلون

גרביונים

جوارب طويلة

גרביים

جوارب قصيرة

חולצת טי
تي شيرت

מטריה
شمسية

צעיף
شال

חגורה
حزام

נעלי בית
شبشب

מגפיים
حذاء شتوي

נעלי ספורט
أحذية رياضية

מגפי גומי
....
جزمة كاوتشوك

נעליים
....
حذاء

סנדלים
....
صندل

וסט
....
قميص داخلي

חזייה
....
صدّارة

תחתונים
....
سروال داخلي

ג'ינס

جينز

מכנסיים

بنطلون

גוף

لباس ملاصق للجسم

חולצה

قميص

חולצה מכופתרת

بلوزة

חצאית

تنورة

בלייזר

سترة فضفاضة

סווצ'ר עם קפוצ'ון

كنزة كم طويل

אפודה

سترة قطنية

מעיל גשם

معطف مطري

מעיל

معطف

ז'קט

سترة

שמלת כלה

ثوب الزفاف

שמלה

ثوب

תלבושת

زي - طقم نسائي

פיג'מה

بيجاما

כותונת לילה

قميص نوم

חליפה

طقم

טורבן

عمامة

מטפחת ראש

حجاب

סארי

ساري

עבאיה

عباءة

קאפטן

قفطان

בורקה

برقع

מכנסיים קצרים

شرت

בגד ים

سروال سباحة

בגד ים

مايوه

כפפות

قفازات

סינר

مئزر

בגד אימון

بدلة رياضية

צמיד יד

إسوارة

משקפיים

نظّارة

כפתור

زر

עגיל

قرط

טבעת

خاتم

שרשרת

عقد

כובע

قبّعة

קולב

علاقة ثياب

כובע

طاقيّة

קסדה

خوذة

רוכסן

سحّاب

עניבה

ربطة العنق

מדים

زي موحّد

תלבושת בית ספר

اللباس المدرسي

כתפיות

حمّالة البنطلون

חיתול

لفافة

מוצץ

مصّاصة

מפית אוכל

مريلة الأطفال

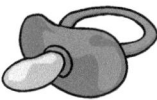

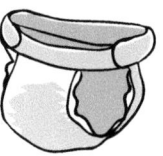

משרד

مكتب

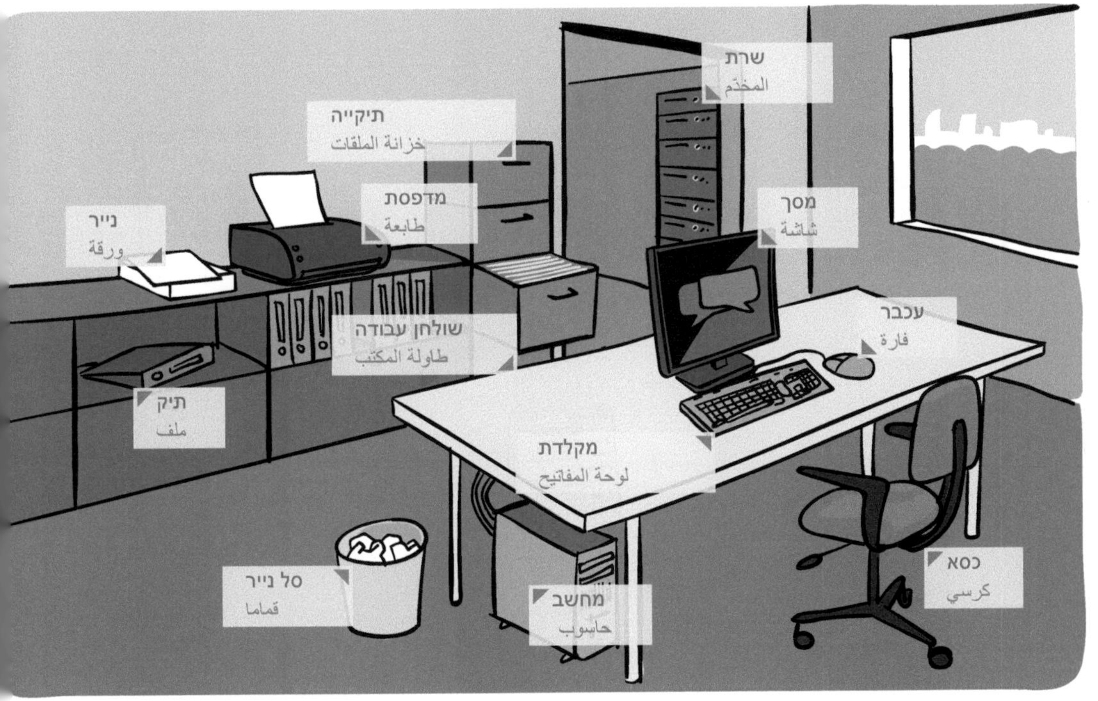

שרת
المخدّم
תיקייה
خزانة الملفات
מדפסת
طابعة
נייר
ورقة
מסך
شاشة
עכבר
فارة
שולחן עבודה
طاولة المكتب
תיק
ملف
מקלדת
لوحة المفاتيح
סל נייר
قماما
מחשב
حاسوب
כסא
كرسي

אינטרנט

الإنترنت

מחשבון

الآلة الحاسبة

ספל קפה

كأس من القهوة

הודעה

خبر

מכתב

رسالة

מחשב נייד

الحاسوب المحمول

מכונת צילום

جهاز تصوير

רשת

شبكة

נייד

الهاتف المحمول

שקע

مقبس كهربائي

טלפון

هاتف

תוכנה

البرمجيات

מסמך

وثيقة

טופס

استمارة

פקס

فاكس

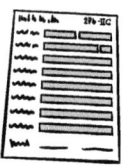

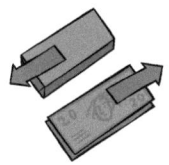

כלכלה

اقتصاد

סחר

يتاجر

שילם

يدفع

קנה

يشتري

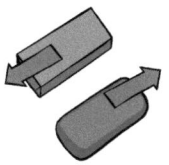

יורו

يورو

דולר

دولار

כסף

مال

פרנק שווייצרי

فرنك سويسري

רובל

روبل

ין

ين

כספומט

صرّاف آلي

רופי

روبية

יואן רנמינבי

يوان

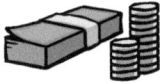

כסף

فضة

זהב

ذهب

המרת מטבע

مكتب صرافة

מחיר

سعر

אנרגיה

طاقة

נפט

نفط

מנייה

سهم

מס

ضريبة

חוזה

عقد

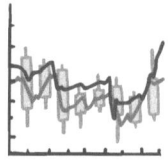

מעסיק

رب العمل

עובד

موظف

עבד

يعمل

חנות

متجر

מפעל

مصنع

52 اقتصاد - כלכלה

מקצועות

المِهَن

תופרת

خيّاطة

נגר

نجّار

גנן

بستاني

שחקן

ممثل

כימאי

كيميائي

שופט

قاض

דייג

....

صياد سمك

נהג מונית

....

سائق تاكسي

נהג אוטובוס

....

سائق حافلة

מלצר

....

نادل

מתקן גגות

....

بنّاء سقف

עובדת נקיון

....

أجيرة للتنظيف

אופה

....

خباز

צייר

....

رسّام

צייד

....

صيّاد

מהנדס

....

مهندس

עובד בניין

....

عامل بناء

חשמלאי

....

كهربائي

דוור

....

ساعي البريد

אינסטלטור

....

سمكري

קצב

....

لحّام

קופאי

أمين صندوق

אדריכל

مهندس معماري

חייל

جندي

כרטיסן

مراقب القطار

ספר

حلاق

מוכר פרחים

بائع الزهور

רופא שיניים

طبيب أسنان

קברניט

قبطان

מכונאי

ميكانيكي

אימאם

إمام

רב

حاخام

מדען

رجل العلم

כומר

كاهن

נזיר

راهب

כלי עבודה
عدة عمل

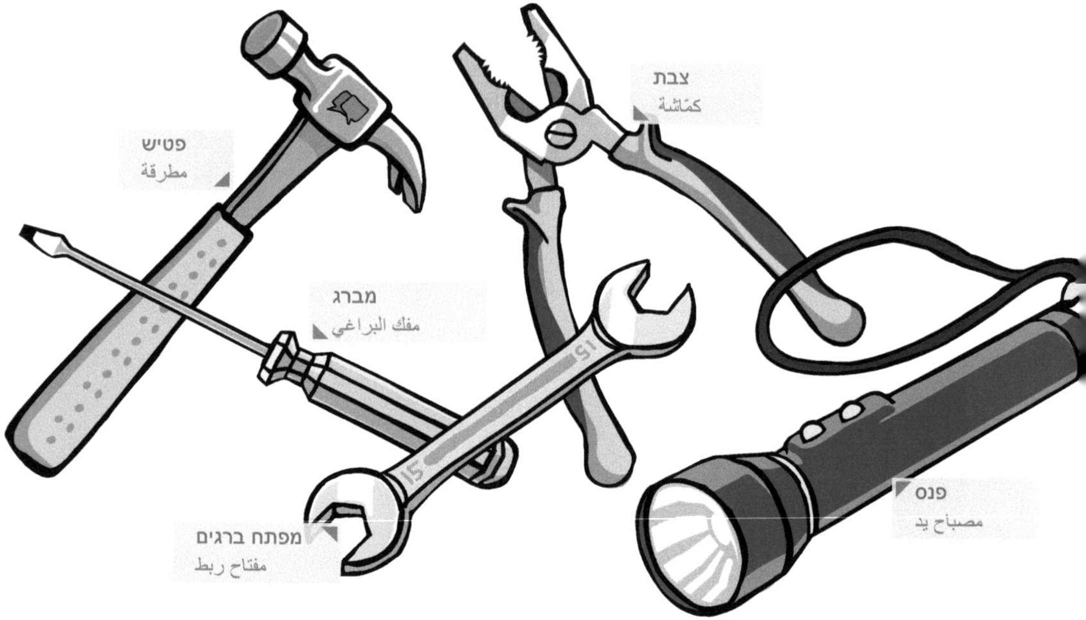

צבת
كمّاشة
פטיש
مطرقة
מברג
مفك البراغي
מפתח ברגים
مفتاح ربط
פנס
مصباح يد

סולם
سلّم

ארגז כלים
صندوق العدة

דחפור
جرافة

מקדחה
مثقب

מסמרים
مسامير

מסור
منشار

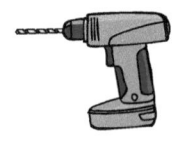

לעזאזל!

اللعنة

את חפירה

مجرفة

תיקן

يصلح

ברגים

براغي

פח צבע

سطل الألوان

יעה

لقاطة الكناسة

כלי נגינה

آلات موسيقية

רמקול
مكبر الصوت
מערכת תופים
آلات الإيقاع
גיטרה
غيتار
חצוצרה
بوق
קונטראבס
كمان أجهر

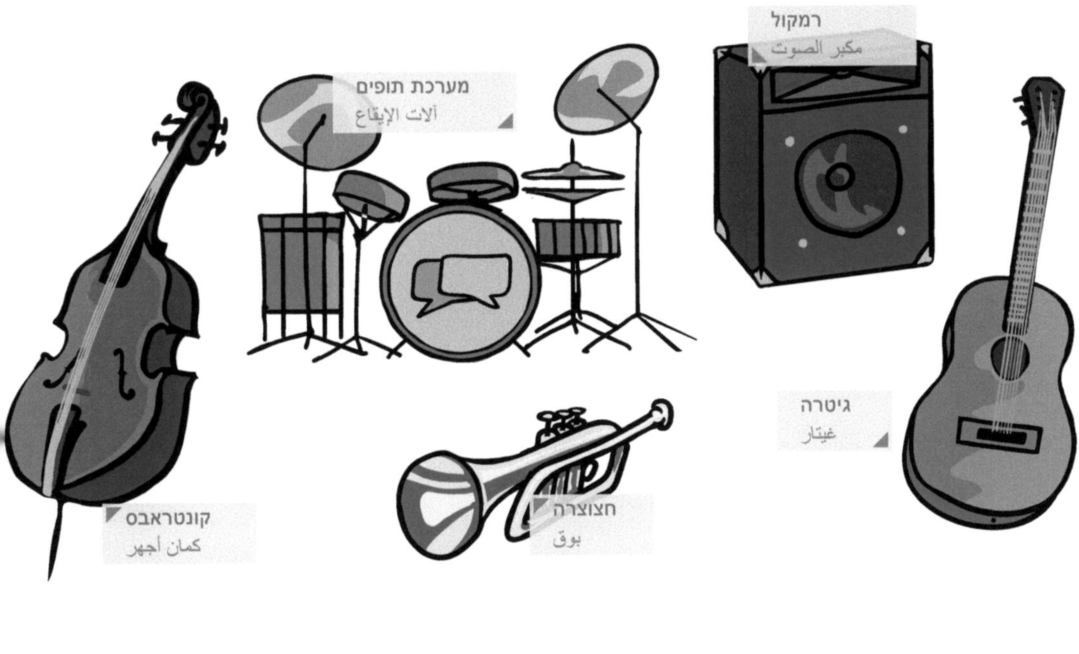

בס

جهير

כינור

كمنجة

פסנתר

بيانو

מקלדת פסנתר

بيانو كهربائي

תופים

طبل

תוף הדוד

طبل كبير

מיקרופון

ميكروفون

חליל

ناي

סקסופון

ساكسوفون

גן חיות

حديقة حيوانات

כניסה
مدخل
נמר
نمر
כלוב
قفص
זברה
حمار الوحش
מזון לחיות
علف للحيوانات
פנדה
دب باندا

קנגרו

كنغر

פיל

فيل

בעלי חיים

حيوانات

דוב

دب

גורילה

غوريلا

קרנף

وحيد القرن

אריה
أسد

יען
نعامة

גמל
جمل

תוכי
ببغاء

פלמינגו
طائر فلامينغو

קוף
قرد

כריש
سمك القرش

פינגווין
بطريق

דוב הקרח
دب قطبي

תנין
تمساح

נחש
أفعى

טווס
طاووس

יגואר
نمر أمريكي مرقط

כלב ים
عجل البحر

שומר גן החיות
حارس في حديقة الحيوان

היפופוטאם

فرس النهر

לאופרד

نمر

סוס פוני

فرس قزم

חזיר בר

خنزير برّي

נשר

نسر

ג'ירפה

زرافة

סוס ים

حيوان فظ البحري

צב

سلحفاة

דג

سمك

איילה

غزال

שועל

ثعلب

ספורט
رياضة

פוטבול אמריקאי
كرة القدم الأمريكية
רכיבת אופניים
ركوب الدراجات
טניס
كرة التنس
כדורסל
كرة السلة
שחיה
السباحة
הוקי
هوكي الجليد
אגרוף
الملاكمة

אתלטיקה

ألعاب القوى الخفيفة

בדמינטון

الريشة الطائرة

כדורגל

كرة القدم

פולו

بولو

עשה סקי

التزلج على الثلج

כדור-יד

كرة اليد

פעילויות

نشاطات

צחק
يضحك
הלך
يمشي
חיבק
يعانق
קפץ
يقفز
שר
يغنّي
חלם
يحلم
נשק
يقبل
התפלל
يصلّي

הראה
....
يُري

צייר
....
يرسم

כתב
....
يكتب

לקח
....
يأخذ

נתן
....
يعطي

דחף
....
يدفع

היה

يوجد

עשה

يعمل

יש / להיות הבעלים

يملك

משך

يسحب

רץ

يركض

עמד

يقف

שכב

يستلقي

נפל

يقع

זרק

يرمي

ישב

يجلس

סחב

يحمل

חיכה

ينتظر

התעורר

يستيقظ

ישן

ينام

התלבש

يلبس

ליטף

يمسّد

בכה

يبكي

הסתכל ב-

ينظر إلى ..

הבין

يفهم

דיבר

يتكلم

סירק

يمشّط

שתה

يشرب

שמע

يسمع

שאל

يسأل

אהב

يحب

סידר

يرتب

אכל

يأكل

עף

يطير

נהג

يقود

בישל

يطبخ

קרא

يقرأ

חישב

يحسب

שט

يبحر بزورق شراعي

התחתן

يتزوج

עבד

يعمل

למד

يتعلم

הרג

يقتل

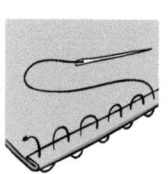

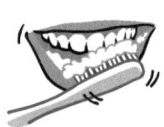

ציחצח שיניים

ينظف أسنانه

תפר

يخيط

שלח

يرسل

עישן

يدخّن

משפחה
عائلة

סבתא
جدّة
סבא
جدّ
אבא
أب
אימא
أم
תינוק
الطفل
בת
בן
ابن

דוד
عمّ / خال

דודה
عمّة / خالة

אורח
ضيف

אחות
أخت

אח
أخ

גוף

الجسم

מצח
الجبين
עין
العين
כתף
الكتف
אצבע
الإصبع
פנים
الوجه
סנטר
الذقن
כף יד
اليد
רגל
الساق
חזה
الصدر
זרוע
الذراع

אישה

المرأة

איש

الرجل

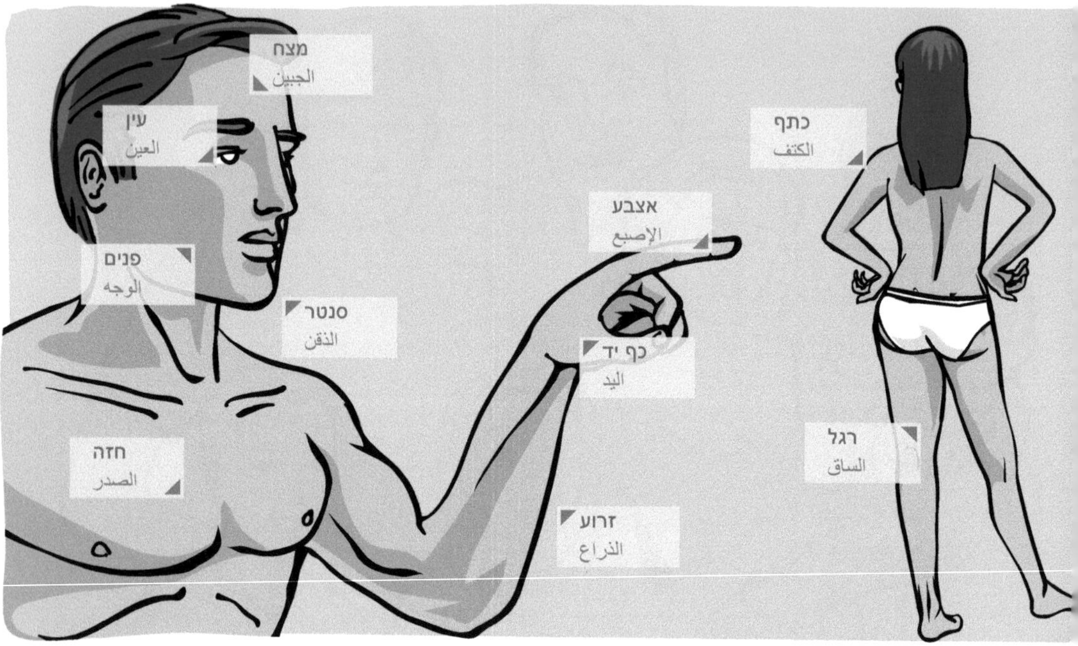

תינוק

الطفل

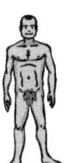

ראש

الرأس

ילד

الولد

ילדה

البنت

טבור

السرّة

בטן

البطن

גב

الظهر

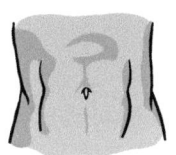

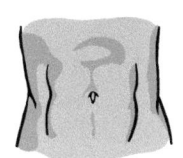

עצם

العظم

עקב

الكعب

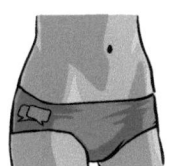

אצבע

إصبع القدم

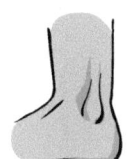

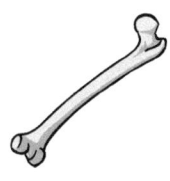

מרפק

المِرفق

ברך

الركبة

ירך

الورك

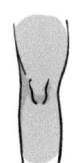

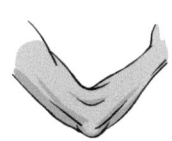

עור

البشرة

עכוז

العَجُز

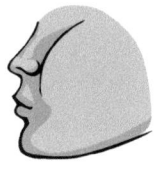

אף

الأنف

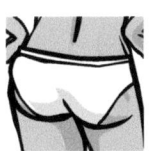

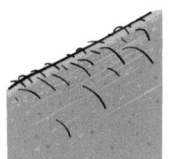

שפתיים

الشفة

אוזן

الأذن

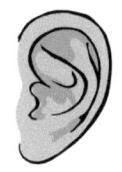

לחי

الخد

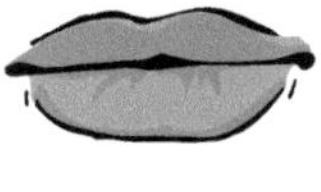

לשון

اللسان

שן

السن

פה

الفم

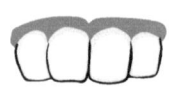

שריר

العضلة

לב

القلب

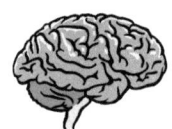

מוח

الدماغ

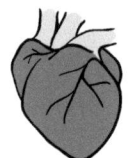

קיבה

المعدة

כבד

الكبد

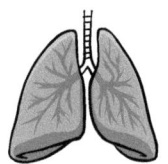

ריאה

الرئة

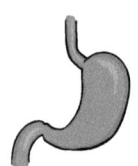

קונדום

الواقي المطاطي

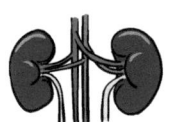

מין

الاتصال الجنسي

כליות

الكِلى

הריון

الحمل

זרע

المنيّ

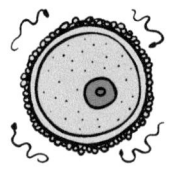

ביצית

البويضة

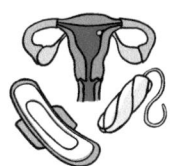

ווסת

الحيض

נרתיק

المهبل

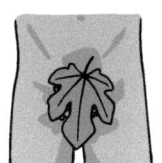

פין

القضيب

גבה

الحاجب

שיער

الشعر

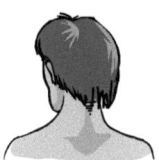

צוואר

الرقبة

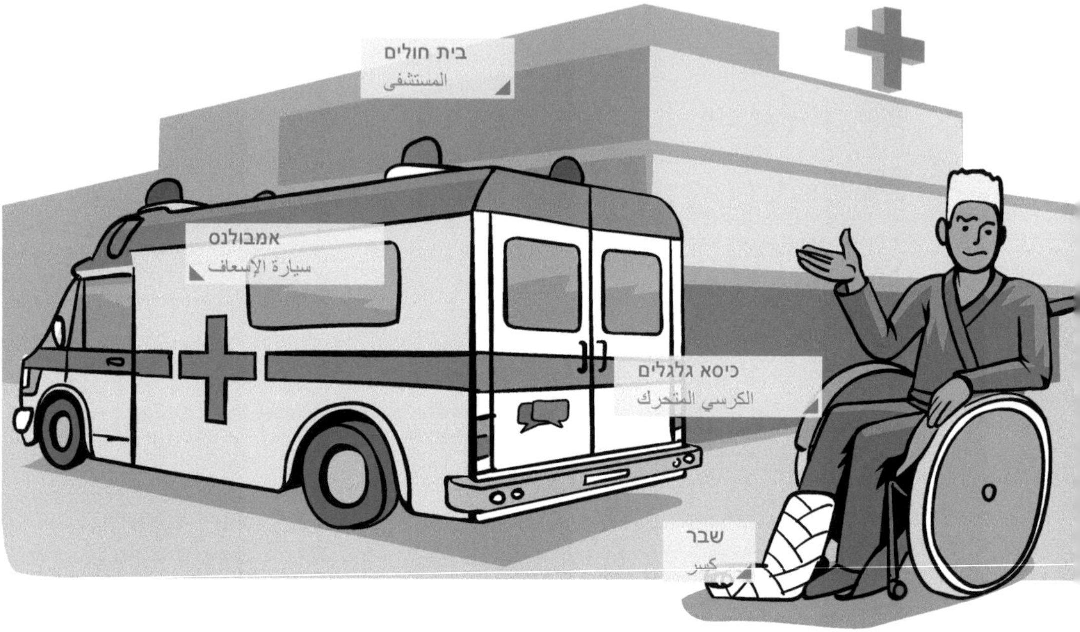

בית חולים

المستشفى

בית חולים
المستشفى
אמבולנס
سيارة الإسعاف
כיסא גלגלים
الكرسي المتحرك
שבר
كسر

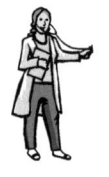

אחות

المرضة

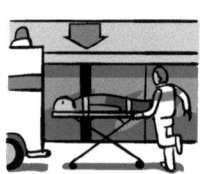

חדר מיון

غرفة الإسعاف

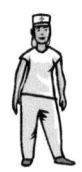

רופא

الطبيب

כאב

الألم

חסר הכרה

مغمى عليه

חירום

حالة

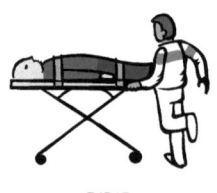

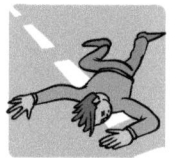

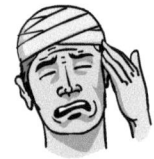

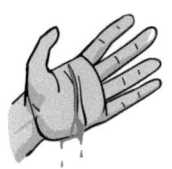

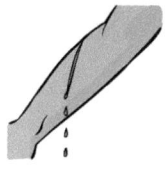

התקף לב

احتشاء القلب

דימום

النزيف

פציעה

إصابة

שיעול

السعال

אלרגיה

حسسية

שבץ

جلطة

שלשול

الإسهال

שפעת

إنفلونزا

חום

الحُمّى

סוכרת

مرض السكر

סרטן

السرطان

כאב ראש

وجع الرأس

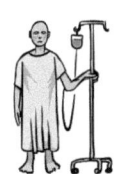

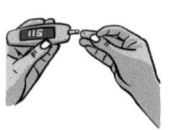

ניתוח

عملية

אזמל

مبضع

מנתח

جرّاح

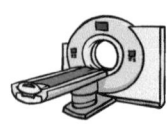

אולטרסאונד

فوق الصوتي

רנטגן

الأشعة السينية

סי-טי

سيتي سكان

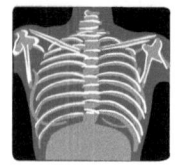

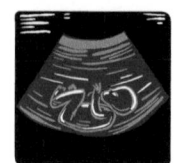

חדר המתנה

غرفة الانتظار

מחלה

المرض

מסיכת פנים

القناع

תחבושת

ضماد

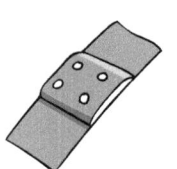

פלסטר

شريط لاصق

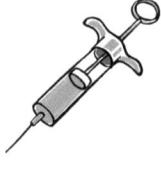

קבה

العُكّاز

אלונקה

نقالة

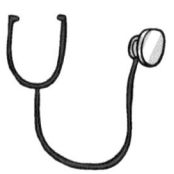

סטטוסקופ

سمّاعة الطبيب

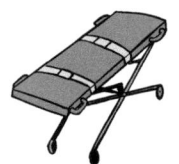

זריקה

حقنة

עודף משקל

وزن زائد

לידה

ولادة

מד חום

ميزان حرارة

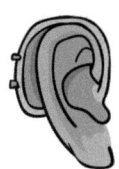

זיהום

عدوى

מחטא

المواد المعقمة

מכשיר שמיעה

جهاز السمع

תרופה

الطب

איידס

الإيدز

נגיף

فيروس

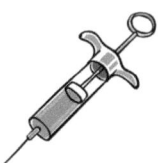

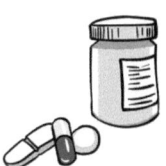

גלולה

حبّة الدواء

טבליות

أقراص الدواء

חיסון

اللقاح

חולה / בריא

مريض / صحيح

מד לחץ דם

مقياس ضغط الدم

קריאת חירום

نداء النجدة

חירום
حالة

פשיטה

اعتداء

אזעקה

إنذار

הצילו!

النجدة!

יציאת חירום

مخرج طوارئ

סכנה

خطر

תקיפה

هجوم

תאונה

حادث

מטף כיבוי

جهاز الإطفاء

אש!

حريق!

משטרה

الشرطة

הצילו!

أنقذونا

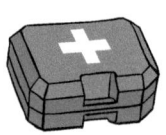

ערכת עזרה ראשונה

حقيبة الإسعاف الأولي

כדור הארץ
أرض

דרום אמריקה

أمريكا الجنوبية

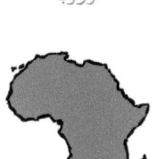

צפון אמריקה

أمريكا الشمالية

אירופה

أوروبا

אוסטרליה

أستراليا

אסיה

آسيا

אפריקה

أفريقيا

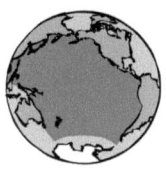

האוקיינוס ההודי

المحيط الهندي

האוקיינוס השקט

المحيط الهادي

האוקיינוס האטלנטי

المحيط الأطلسي

הקוטב הצפוני

القطب الشمالي

האוקיינוס הארקטי

المحيط المتجمد الشمالي

האוקיינוס האנטרקטי

المحيط المتجمد الجنوبي

כדור הארץ

أرض

אנטארקטיקה

منطقة القطب الجنوبي

הקוטב הדרומי

القطب الجنوبي

אי

جزيرة

ים

بحر

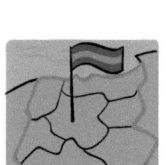

אדמה

بر

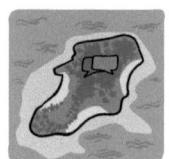

מדינה

دولة

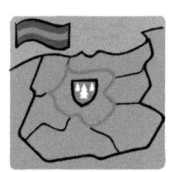

לאום

أمة

שעון
ساعة

מחוג הדקות

عقرب الدقائق

מחוג השעות

عقرب الساعات

פני השעון

ميناء الساعة

יום

يوم

מה השעה?

كم الساعة الآن؟

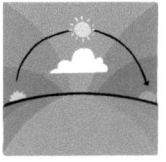

מחוג השניות

عقرب الثواني

שעון דיגיטלי

ساعة رقمية

עכשיו

الآن

זמן

زمن

שעה

ساعة

דקה

دقيقة

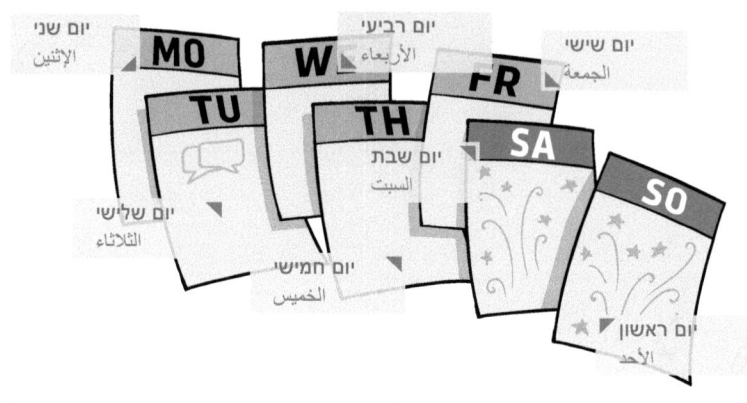

שבוע

أسبوع

יום שני
الإثنين
יום שלישי
الثلاثاء
יום רביעי
الأربعاء
יום חמישי
الخميس
יום שישי
الجمعة
יום שבת
السبت
יום ראשון
الأحد

אתמול

الأمس

היום

اليوم

מחר

غداً

בוקר

الصباح

צהריים

الظهر

ערב

المساء

ימי עבודה

أيام العمل

סוף שבוע

نهاية الأسبوع

שנה

سنة

גשם
مطر
קשת בענן
قوس قزح
רוח
ريح
שלג
ثلج
אביב
الربيع
סתיו
الخريف
קיץ
الصيف
חורף
الشتاء

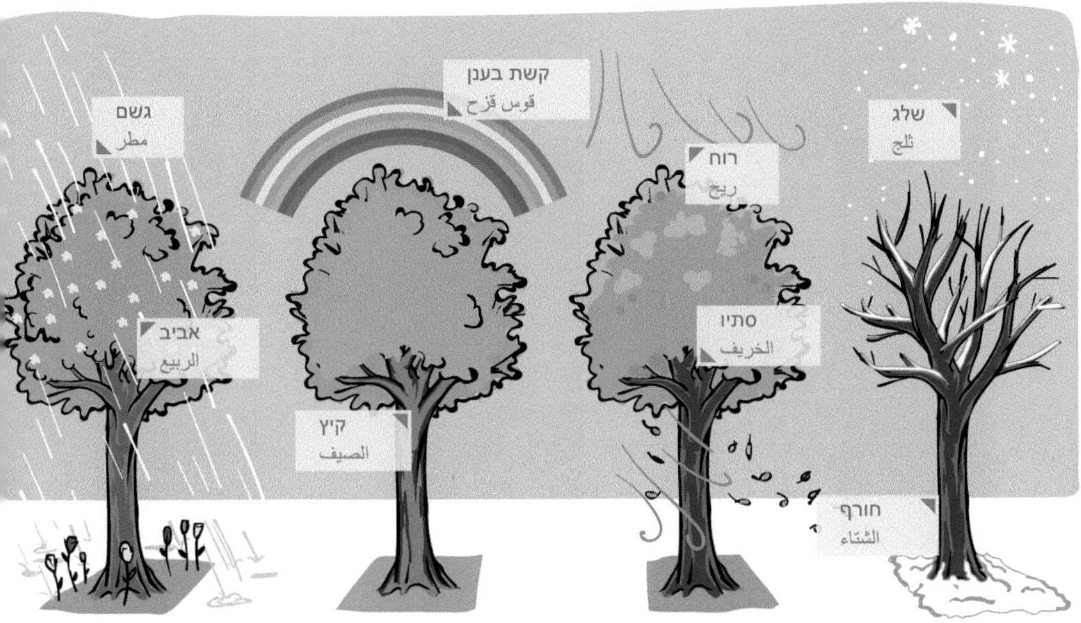

אור שמש

ضوء الشمس

0
10
0
-10

מד חום

مقياس حرارة

4.APRIL 11°
5.APRIL 4°
6.APRIL 13°
7.APRIL 8°
8.APRIL 10°

תחזית מזג האוויר

التنبّؤ بالحالة الجوية

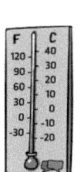

לחות

رطوبة الجو

ערפל

ضباب

ענן

سحابة

ברק
....
برق

רעם
....
رعد

סערה
....
عاصفة

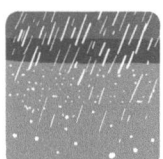

ברד
....
بَرَد

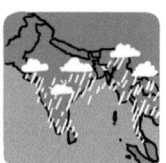

רוח עונתי
....
ريح موسمية

שיטפון
....
طوفان

קרח
....
جليد

ינואר
....
كانون الثاني / يناير

פברואר
....
شباط / فبراير

מרץ
....
آذار / مارس

אפריל
....
نيسان / أبريل

מאי
....
أيار / مايو

יוני
....
حزيران / يونيو

יולי
....
تموز / يوليو

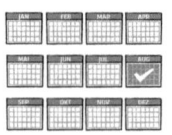

אוגוסט
....
آب / أغسطس

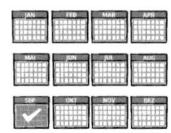

ספטמבר
....
أيلول / سبتمبر

אוקטובר
....
تشرين الأول / أكتوبر

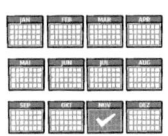

נובמבר
....
تشرين الثاني / نوفمبر

דצמבר
....
كانون الأول / ديسمبر

צורות
أشكال

עיגול
....
دائرة

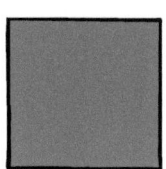

מרובע
....
مربع

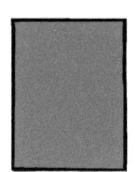

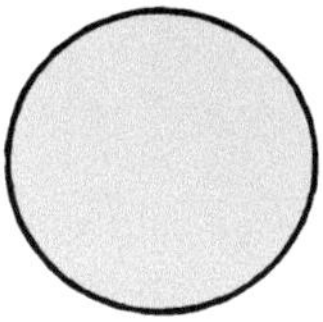

מלבן
....
مستطيل

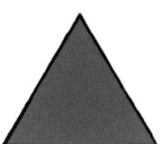

משולש
....
مثلث

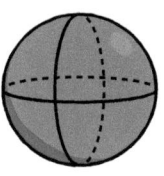

כדור
....
كرة

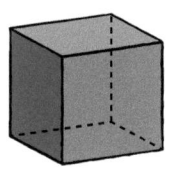

קובייה
....
مكعب

צבעים

ألوان

כתום

....

برتقالي

צהוב

....

أصفر

לבן

....

أبيض

סגול

....

بنفسجي

אדום

....

أحمر

ורוד

....

وردي

חום

....

بنّي

ירוק

....

أخضر

כחול

....

أزرق

שחור

....

أسود

אפור

....

رمادي

יפה / מכוער

جميل / قبيح

כועס / רגוע

غضبان / هادئ

הרבה / מעט

كثير / قليل

בהיר / כהה

فاتح / قاتم

גדול / קטן

كبير / صغير

התחלה / סוף

بداية / نهاية

שלם / חלקי

كامل / ناقص

נקי / מלוכלך

نظيف / وسخ

אח / אחות

أخ / أخت

רחב / צר

عريض / ضيّق

מת / חי

ميت / حيّ

יום /לילה

نهار / ليل

מתרגש / משועמם

مثير / ممل

רשע / טוב לב

شرّير / لطيف

אכיל / לא אכיל

صالح للأكل / غير صالح

חבר / אויב

صديق / عدو

ראשון / אחרון

أولاً / أخيراً

שמן / רזה

سمين / نحيف

כבד / קל

ثقيل / خفيف

קשה / רך

صلب / ليّن

מלא / ריק

مليء / فارغ

בלתי-חוקי / חוקי

غير شرعي / شرعي

חולה / בריא

مريض / صحيح

רעב / צמא

جوع / عطش

קרוב / רחוק

قريب / بعيد

שמאל / ימין

يسار / يمين

נבון / טיפש

ذكي / غبي

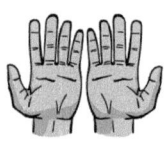

זקן / צעיר

مسن / شاب

כלום / משהו

لا شيء / بعض الشيء

חדש / משומש

جديد / مستعمل

שקט / רועש

خافت / عالٍ

פתוח / סגור

مفتوح / مغلق

פעיל / כבוי

يشعل / يطفئ

מחוספס / חלק

أحرش / املس

נכון / שגוי

صح / خطأ

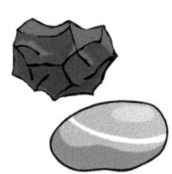

עשיר / עני

غني / فقير

איטי / מהיר

بطيء / سريع

קצר / ארוך

قصير / طويل

עצוב / שמח

حزين / سعيد

מלחמה / שלום

حرب / سلم

חם / קר

ساخن / بارد

רטוב / יבש

مبلول / جاف

מספרים
أرقام

0	1	2
אפס	אחת	שתיים
صفر	واحد	اثنان
3	4	5
שלוש	ארבע	חמש
ثلاثة	أربعة	خمسة
6	7	8
שש	שבע	שמונה
ستة	سبعة	ثمانية
9	10	11
תשע	עשר	אחת-עשרה
تسعة	عشرة	أحد عشر

12

שתים-עשרה

اثنا عشر

13

שלוש-עשרה

ثلاثة عشر

14

ארבע-עשרה

أربعة عشر

15

חמש-עשרה

خمسة عشر

16

שש-עשרה

ستة عشر

17

שבע-עשרה

سبعة عشر

18

שמונה-עשרה

ثمانية عشر

19

תשע-עשרה

تسعة عشر

20

עשרים

عشرون

100

מאה

مائة

1.000

אלף

ألف

1.000.000

מיליון

مليون

שפות
اللغات

סינית מנדרינית

....

لغة ماندارين الصينية

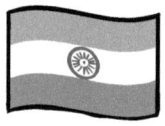

אנגלית אמריקאית

....

الإنكليزية الأمريكية

אנגלית

....

الإنكليزية

צרפתית

....

الفرنسية

ספרדית

....

الإسبانية

הודית

....

الهندية

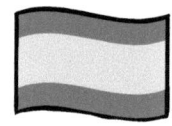

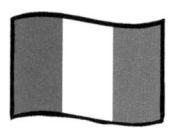

פורטוגזית

....

البرتغالية

רוסית

....

الروسية

ערבית

....

العربية

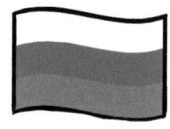

יפנית

....

اليابانية

גרמנית

....

الألمانية

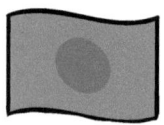

בנגלית

....

البنغالية

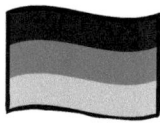

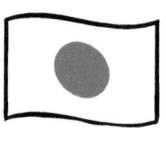

מי / מה / איך

من / ماذا / كيف

הוא / היא / זה

هو / هي

אתה / את

أنت

אני

أنا

הם

هم

אתם

أنتم

אנחנו

نحن

איך?

كيف؟

מה?

ماذا؟

מי?

من؟

שם

اسم

מתי?

متى؟

איפה?

أين؟

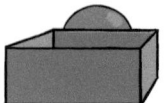

איפה

أين

לפני

....

أمام

בתוך

....

في

מאחור

....

خلف

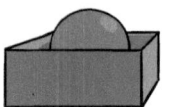

מתחת

....

تحت

על

....

على

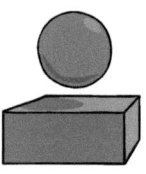

מעל

....

فوق

מקום

....

مكان

בין

....

بين

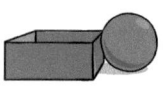

ליד

....

جنب